LES BRIGADES
DES DOUANES

AU POINT DE VUE

DE LA DÉFENSE DES FRONTIÈRES
DE TERRE ET DE MER,

PAR M. WILEMAINT,

Capitaine des Douanes.

PERPIGNAN,

J.-B. ALZINE, IMPRIMEUR DE LA DIRECTION DES DOUANES,

Rue des Trois-Rois, 1.

1860.

LES BRIGADES DES DOUANES

AU POINT DE VUE

DE LA DÉFENSE DES FRONTIÈRES DE TERRE ET DE MER.

NOTE.

La dénomination de Garde spéciale de la Frontière *paraîtrait être la plus en rapport avec l'organisation du service de l'arme telle que l'établit le projet, c'est-à-dire au point de vue de la Douane et de la défense des côtes et des places frontières; seulement la qualification de* Garde spéciale de la Frontière *ne conviendrait plus, et on devrait employer celle de* Garde *ou* Gendarmerie du Territoire, du Domaine, de Réserve, du Trésor, *si on affectait ce corps aux divers services de surveillance ressortissant des Douanes et des Contributions indirectes (fabrication des sucres et des sels dans l'intérieur, culture des tabacs, circulation des boissons et des voitures), à la surveillance complète du service sanitaire déjà confié en grande partie à la Douane, et si on appliquait son organisation aux Brigades des Eaux et Forêts, réunies aux Brigades des Douanes, pour ne plus composer qu'un seul corps formant, en cas de guerre, une forte réserve de plus de 40.000 hommes, répandus sur toutes les parties du territoire de l'Empire, notamment aux frontières.*

LES BRIGADES DES DOUANES

AU POINT DE VUE

DE LA DÉFENSE DES FRONTIÈRES

DE TERRE ET DE MER.

APERÇU

D'UN

PROJET D'ORGANISATION MILITAIRE

DU CORPS ARMÉ DES DOUANIERS,

SOUS LA DÉNOMINATION DE

GARDE SPÉCIALE DE LA FRONTIÈRE,

PAR M. WILEMAINT,

Capitaine des Douanes.

PERPIGNAN.

J.-B. ALZINE, IMPRIMEUR DE LA DIRECTION DES DOUANES,

Rue des Trois-Rois, 1.

1860.

INTRODUCTION.

Par son programme du 5 janvier, l'Empereur inaugure un système qui doit changer complétement l'économie commerciale et douanière en remplaçant la prohibition par des droits et en supprimant ou réduisant les droits du tarif sur les matières premières et les denrées.

La voie nouvelle dans laquelle entre le Gouvernement, aussi bien que la diminution déjà constatée de la contrebande, doit avoir pour effet de rendre moins importante la surveillance qu'exercent les Douaniers armés ; de là, nécessité d'en réduire le nombre ou de les utiliser à un autre service, pourvu que ce service s'exécute en même temps et sur les mêmes points que le service des Douanes pour lequel ils ont été exclusivement créés.

Sans perdre de vue qu'en temps régulier la Douane est avant tout une administration civile, ayant pour mission spéciale de sauvegarder les intérêts de nos finances comme ceux de l'industrie et du commerce français, le moment paraît arrivé d'exposer une combinaison qui permette de confier au service actif des Douanes, conservé au complet, la surveillance du service financier, ainsi que la défense, en temps de guerre, des places frontières et des côtes, défense qu'une commission est depuis longtemps chargée d'étudier.

Le Corps des Douaniers ne comprend pas moins de 25.000 hommes armés, dont le plus grand nombre sont sortis des sous-officiers, soldats et marins, dont la tenue, la bonne conduite, le caractère militaire, le service pénible, le dévouement et le courage ont été de tout temps remarqués et sont incontestés, et dont l'organisation se prête au service militaire.

En temps de guerre, les Douaniers peuvent rendre de grands services; familiers avec le pays, ils en connaissent le climat, les ressources, la topographie, et ces connaissances, communes au Préposé comme à l'Officier, sont précieuses; en outre, ils possèdent les qualités dues à l'habitude de la discipline.

Il convient donc de faire tout ce qui est nécessaire pour que, dans des circonstances de guerre, les Douaniers puissent rendre tous les services militaires dont ils sont capables, et surtout de leur donner les moyens d'entretenir leur instruction militaire.

Il y a une raison qui apparaît pour demander que le Corps des Douaniers soit mis sous les ordres du Ministre de la Guerre; c'est la même que celle qui y a fait placer le Corps des Gendarmes; c'est la considération de ce que l'homme gagne en dignité, en garantie, en bien-être de toute manière dans une administration faite pour les hommes, à l'instar de l'administration des divers corps dépendant de la guerre. Le temps du Douanier serait consacré au service des finances et sa personne serait militaire, comme, dans la Gendarmerie, le temps du Gendarme est consacré aux services judiciaires et civils et sa personne est militaire. Il y aurait la même distinction entre l'Administration Financière et les Douaniers des Brigades, qu'entre l'Administration Judiciaire et de l'Intérieur et les Gendarmes Impériaux. Sous tous les rapports, excepté sous celui du service, le Corps des Douaniers armés serait exclusivement militaire : solde, administration intérieure, discipline, commandement, logement.

Dans cet ordre d'idées, le personnel actif des Douanes pourrait être fondu avec celui de surveillance des Contributions Indirectes, avec celui des Gardes forestiers, avec le personnel de l'Administration Sanitaire, avec celui des Lignes Télégraphiques, avec le personnel des Chemins de Fer, lorsque l'État les aura rachetés, et même avec le personnel des Octrois. Tout ce personnel, réuni et organisé militairement, aurait une valeur très-sérieuse, en temps de guerre, comme réserve qu'on pourrait employer avantageusement, *en corps*, dans la défense des places et celle des côtes; *individuellement*, pour les hommes et les sous-officiers, dans les services du Génie, de l'Artillerie et de l'Administration Militaire, lorsqu'il est nécessaire d'augmenter temporairement le nombre des employés de ces services. L'Officier pourrait être utilisé d'une manière analogue. Ce genre de service pourrait être fait aux armées comme dans l'intérieur.

Je ne fais, ici, qu'indiquer ce qui pourrait avoir lieu, et, dans mon aperçu, je me borne au projet d'organisation militaire des Brigades des Douanes. Il était déjà entré dans les vues des Gouvernements précédents, et il est entré dans les vues de l'Empereur, lors de l'expédition d'Italie, d'appeler ces Brigades à coopérer au service militaire et à suppléer l'armée.

N'y aurait-il pas avantage pour l'État, sans surcroît de dépense pour le Trésor, à incorporer dans les rangs de l'armée, à l'instar de la Gendarmerie, de la Garde de Paris, des Sapeurs-Pompiers de Paris, le Corps armé des Brigades des Douanes, ayant pour mission d'assurer, en tout temps, l'exécution des prescriptions financières, et, en temps de guerre, de suppléer à l'artillerie et à la ligne, pour le service et la défense des côtes et des places frontières?

Y aurait-il un inconvénient grave à ce que le Corps armé des Douaniers fût militarisé et séparé du Corps administratif sédentaire, surtout aujourd'hui, avec la réforme douanière?

Le commerce, l'industrie, le trésor auraient-ils à souffrir de cette séparation des deux services des Douanes, dont l'un resterait au Département des Finances et l'autre serait placé dans les attributions des Ministres de la Guerre et des Finances?

Je livre ces questions à la haute appréciation des gens compétents. Peut-être trouveront-ils quelque chose à prendre dans ce projet de militarisation des Brigades des Douanes, dont la mise à exécution matérielle est sans difficultés. J'en trace ici l'économie, ainsi que les avantages pouvant en résulter, et je rappelle l'ensemble des dispositions en vigueur dans les Douanes, dont il est nécessaire de bien comprendre le mécanisme, ainsi que les bases des essais infructueux d'organisation militaire des Brigades faits en 1812 et en 1831.

Si le projet est goûté, si l'intention du Gouvernement est de tirer tout le parti possible du service actif des Douanes, au point de vue de la défense des frontières de l'Empire, d'obtenir des Brigades armées une garde réelle des côtes et une force réelle, en réserve, à ajouter à l'armée active, sans cependant nuire aux intérêts du commerce, de l'industrie et du Trésor, ni grever l'État d'une nouvelle charge, le Gouvernement doit, tout en conservant toujours à l'Administration Financière le service des Douanes, mettre à la tête des Brigades, pour le commandement, la discipline, l'administration intérieure et l'exécution réglementaire du service, dans toutes ses parties, des Officiers supérieurs militaires, tirés des rangs de l'arme et des divers corps de troupe, notamment de l'artillerie. Une commission serait chargée d'étudier l'institution de la *Garde spéciale de la frontière,* nouveau corps, formé des Brigades des Douanes.

Pour faciliter le travail de cette commission, j'ai préparé, *comme appendice et sous forme de règlement,* une série de dispositions, que je suis prêt à communiquer, se rapportant à l'organisation et aux services divers de cette nouvelle arme; à la législation des Douanes; aux lois qui régissent l'armée; aux décrets et règlements des 1er mars 1854, 11 mai 1856 et 5 juillet 1858, sur la Gendarmerie; aux délibérations concernant le système définitif des frontières, et aux obligations générales des Administrateurs des Finances et des militaires de la Garde spéciale de la frontière, dans leurs rapports en ce qui concerne le service des Douanes.

LES BRIGADES DES DOUANES

AU POINT DE VUE
DE LA DÉFENSE DES FRONTIÈRES DE TERRE ET DE MER.

TITRE PREMIER.
ORGANISATION ACTUELLE DES DOUANES.

CHAPITRE PREMIER.
ORGANISATION DE L'ADMINISTRATION.

L'organisation actuelle de l'Administration des Douanes, en France, est peu connue; avec son corps de 25.000 Douaniers et ses Employés de bureau, au nombre de 2.400, répandus sur toute la ligne frontière, il est effectivement assez difficile de se rendre un compte exact de cette organisation, dont il est indispensable de développer ici le mécanisme pour bien faire comprendre que l'organisation du service actif, telle qu'elle existe, se prête à sa séparation d'avec le service administratif et à une organisation militaire sérieuse.

Partant d'une toute autre base que celle adoptée jusqu'à ce jour, sans cependant toucher à la nature des services; garantissant les droits du Trésor, en conservant à chaque fonction sa part de responsabilité, l'Administration Financière, dont l'institution ne change pas, et la Garde spéciale de la frontière peuvent marcher sans entraves comme sans conflits, bien que ressortissant de deux Ministères différents.

INSTITUTION DES DOUANES.

La création de l'administration remonte à 1791.

Par décret du 27 mars 1851, la régie des Contributions Indirectes a été réunie aux Douanes, sous le titre de Direction générale des Douanes et des Contributions Indirectes; mais les services de ces deux administrations sont jusqu'ici restés indépendants [1]; seulement, sur les frontières, les Directeurs des Douanes réunissent à leurs attributions celles de Directeur des Contributions Indirectes.

L'Administration des Douanes est une des sources les plus fécondes de l'impôt. Les lois des Douanes ont pour objet, en taxant l'entrée des marchandises, d'assurer aux industries du pays la prédominance sur les marchés intérieurs, de faciliter les échanges avec les étrangers, d'accroitre les éléments de la navigation, de maintenir un juste équilibre entre les besoins et les ressources de la France.

DIVISION TERRITORIALE.

L'Administration des Douanes se divise en Directions et Inspections, pour l'ensemble du service; en Principalités et Bureaux subordonnés, pour la perception des droits, en Capitaineries et Brigades, pour le corps armé.

Le service des sucres, du ressort des Contributions Indirectes, est surveillé par des Inspecteurs et des Brigades des Douanes, détachés à la régie.

CHAPITRE DEUXIÈME.

SERVICE.

La Douane a pour mission :

1° De percevoir les droits sur les marchandises ou les denrées étrangères mises en consommation dans le pays et d'en repousser quelques-unes dont l'État se réserve le monopole;

2° De déjouer la contrebande, préjudiciable au commerce et au Trésor.

De là, les causes de la séparation existante du service de surveillance et d'exécution, qui incombe aux Brigades, d'avec

---

(1) Une nouvelle séparation de ces deux Administrations serait facile; toutefois, le *statu quo* ne nuit en rien à l'organisation projetée, à laquelle pourrait avantageusement se rattacher la fusion.

le service de perception, spécial aux Employés de Bureau, et le contrôle des Inspecteurs et des Directeurs, chefs de ces deux services.

Au service de perception ou des bureaux se rattache l'écor (*voir p. 21*), auquel participent des employés de bureau, Vérificateurs et Visiteurs, chefs de l'opération d'écor, et des Préposés, comme auxiliaires.

Les opérations d'écor consistent en débarquements et embarquements, transbordements, vérifications de marchandises, recensements d'entrepôts et visites de voitures, de bagages et à corps.

Par ses Brigades armées, la Douane concourt au maintien de l'ordre, sur la frontière, et peut être appelée à coopérer, avec l'armée, au service militaire et à la suppléer [1].

Dans le cas d'invasion du territoire, soit par terre, soit par mer, et pendant que les opérations militaires auront lieu à l'extrême frontière, les lignes des Douanes seront levées sur la partie du territoire où se portera le théâtre de la guerre, et les Brigades, formées en bataillons de réserve et en compagnies de guides, seront mises à la disposition du Ministre de la Guerre [2].

Les Préposés des Douanes ne peuvent être détournés de leur service par les Autorités civiles ou militaires.

L'Inspection des Finances exerce un contrôle supérieur et illimité [3] sur toutes les parties du service des Douanes.

(1) Quelle position est faite aux Douaniers qui coopèrent au service militaire? Les Directeurs tenant à conserver leurs droits sur leurs hommes, ces Douaniers sont soumis à la discipline militaire en même temps qu'à la discipline douanière, sans compensation aucune.

(2) Les Directeurs deviennent alors *Colonels*; les Inspecteurs et les Sous-Inspecteurs, *Chefs-de-Bataillon*; les Capitaines restent *Capitaines*; les Lieutenants de 1re et de 2e classe, *Lieutenants*; les Lieutenants de 3e classe sont *Sous-Lieutenants*; les Brigadiers, *Sous-Officiers*; les Sous-Brigadiers, *Caporaux*; les Préposés, *Soldats*.

(3) Même sur le service extérieur; même sur les manœuvres militaires; même passer des revues.

CHAPITRE TROISIÈME.

PERSONNEL.

ADMISSIONS.

Les Employés du service des Bureaux proviennent du surnumérariat. — Ceux du service actif, des anciens militaires, des fils d'employés sachant écrire et des marins; à défaut, de Français remplissant des conditions déterminées. — Par exception, des officiers et des brigadiers peuvent passer dans les bureaux, et des employés de bureau être nommés officiers.

NOMINATIONS.

Le Directeur-Général, les Administrateurs et les Directeurs sont nommés par le Chef de l'État.

Le Ministre des Finances nomme aux emplois de Chefs-de-Bureau, d'Inspecteur, de Receveur principal et autres, au traitement de 4.000 francs et au-dessus.

Sont nommés par le Directeur-Général, les Receveurs principaux dont le traitement est moindre de 4.000 francs et tous les Sous-Inspecteurs; employés supérieurs, tous les agents subalternes des bureaux et les officiers du service actif.

Les Directeurs nomment aux divers emplois de sous-officiers et de préposés et à ceux du service spécial.

AVANCEMENT.

L'avancement à tous les emplois est donné au choix, sans autre limite ni condition que de passer par la classe ou le traitement inférieur.

Les emplois de Directeur sont donnés aux Chefs-de-Bureau et aux Inspecteurs; — ceux de Chef-de-Bureau et d'Inspecteur, aux Sous-Chefs et aux Sous-Inspecteurs; — ceux de Receveur principal, à d'anciens Administrateurs et Directeurs, à d'anciens Inspecteurs et Sous-Inspecteurs, à des Employés de Bureau, au traitement de plus de 2.000 fr. par an; — ceux de Sous-Chef et de Sous-Inspecteur, aux Commis principaux et d'Ordre du Bureau central et aux premiers Commis de Direction, à des Employés de Bureau à plus de 2.000 francs d'appointements et à des Capitaines [1].

L'augmentation de traitement, quel que soit l'emploi, constitue l'avancement pour les Bureaux; pour les Officiers, c'est le grade et la classe; pour les Sous-Officiers, c'est le grade.

CHANGEMENTS DE RÉSIDENCE.

Les changements de résidence se donnent par suite d'avancement, de convenance de service et à titre de punition; ils s'accordent sur demande et par permutation.

PUNITIONS. — RÉVOCATION.

Les punitions en usage sont, pour tous les employés de l'Administration, en général, le changement de résidence ou d'emploi, la diminution du traitement, la rétrogradation, la révocation. Plus, pour les Sous-Officiers et les Préposés, l'annotation et l'avertissement.

La révocation et autres peines disciplinaires sont prononcées, à vue d'un rapport motivé, par les mêmes autorités qui ont le droit de nommer.

Les annotations ne sont infligées que par les Directeurs et les Inspecteurs; les avertissements, par les Officiers de tout grade.

LICENCIEMENT.

Les employés qui, n'ayant pas droit à la retraite, sont incapables de continuer l'exercice de leurs fonctions, par suite d'infirmités ou d'incapacités non prises en service ni constatées administrativement, sont licenciés avec ou sans une gratification ou secours.

RETRAITES.

Les employés des Douanes sont retraités d'après la loi sur les pensions civiles [2]. Le traitement moyen des six dernières années

---

(1) Le Directeur-Général nomme peu de Sous-Inspecteurs dépassant l'âge de 40 ans.

(2) Le grade, pour les Officiers et les Sous-Officiers, n'entre pour rien dans la quotité de la pension. A services égaux, la retraite du Sous-Inspecteur de 3ᵉ et 2ᵉ classe, *Chef-de-Bataillon*, ne peut excéder le *maximum* de celle de Capitaine de 1ʳᵉ classe: 1.600 fr.

d'activité et la durée des services sont les bases de la quotité de la pension. Les agents du service actif, du Capitaine au Préposé, ont droit à la retraite à 25 ans de service et 55 ans d'âge ; ceux des bureaux et les employés supérieurs à 30 ans de service et 60 ans d'âge.

DIVISION DES SERVICES.

L'Administration des Douanes forme deux branches distinctes : la branche des bureaux ; la branche des brigades, appelée autrement le service actif.

La branche des bureaux comprend le service administratif et le service de perception.

SERVICE ADMINISTRATIF.

Le service administratif a la haute main sur le service de perception et sur le service actif.

Ce service comprend,

A Paris : l'Administration supérieure et centrale, ayant à sa tête le Directeur-Général, qui seul signe les ordres généraux de service ;

DIRECTEURS.

Dans les départements : les Directeurs régissant tous les services de leur Direction, et ayant leurs rapports obligés avec les Inspecteurs et Sous-Inspecteurs ; avec les Receveurs principaux, chefs du service de perception, et les Capitaines, chefs du service des brigades.

Le Directeur admet et commissionne les Préposés comme les Sous-Officiers ; il propose pour l'avancement les Employés de Bureau et les Officiers, au moyen d'un tableau, et par lettres spéciales, quand des vacances surgissent dans sa Direction.

La Direction est la base de tous les services sur les frontières.

Les bureaux de Direction ont à leur tête un 1er commis.

CONSEILS DE MASSES.

Il y a un Conseil des masses par Direction. Ce Conseil des masses, composé du Directeur, des Inspecteurs de la Direction et d'un Capitaine par Inspection, est convoqué, une fois par an, dans les bureaux de la Direction, pour vérifier et arrêter les comptes des masses des Sous-Officiers et des Préposés, et, s'il y a lieu, renouveler les marchés pour les fournitures de l'habillement et autres.

Une Commission est instituée pour, au fur et à mesure des besoins, examiner et recevoir les draps et toiles servant à la confection des effets d'habillement et ces effets tout confectionnés, ainsi que l'équipement et l'armement, envoyés ensuite aux Capitaines pour être distribués.

INSPECTEURS ET SOUS-INSPECTEURS.

Les Inspecteurs, premiers chefs de l'arrondissement à la tête duquel ils sont placés, étendent leur action sur le service de perception et sur le service des brigades, qu'ils surveillent dans tous leurs détails d'exécution.

Les Inspecteurs sont de deux sortes : les Inspecteurs divisionnaires et les Inspecteurs sédentaires.

— L'Inspecteur *divisionnaire* arrête la comptabilité des Receveurs et vérifie leurs caisses ; il vérifie aussi l'ensemble du service des Brigades et peut diriger seul le service des ambulantes et des embarcations. Il contrôle le service des Brigades sur le terrain [1], vise les registres et autres pièces fournies par les Receveurs principaux et les Capitaines.

L'Inspecteur divisionnaire est tenu de voir, chaque mois, tous les bureaux et toutes les brigades de son arrondissement. Il émet, *chaque mois,* son avis sur l'*activité,* le *travail* et la *conduite* des Officiers de son Inspection, en transmettant leurs rapports de service. — Pour ses tournées, l'Inspecteur se fait accompagner d'un Préposé d'ordonnance, qui compte dans les Brigades et reste détaché près de sa personne.

[1] Les Inspecteurs divisionnaires exercent, pour la plupart, sur le service actif de leur arrondissement les mêmes pouvoirs que le Directeur, si ce n'est qu'ils ne nomment pas ; mais leurs propositions d'avancement, de changement, de punition des Sous-Officiers et des Préposés sont adoptées, et ils dirigent à leur guise le service des Brigades. Quelques Directeurs, cependant, réduisent les pouvoirs de l'Inspecteur, qui n'a plus alors sur les Brigades qu'une action très-limitée. — Il y a 95 Inspecteurs, dont 88 divisionnaires et 7 sédentaires.

— L'Inspecteur *sédentaire*, l'égal de l'Inspecteur divisionnaire, mais sous sa surveillance, a l'initiative des mesures générales pour ce qui tient au service des Bureaux de la localité. Il n'y a d'Inspecteur sédentaire que dans les grandes Douanes.

— Le Sous-Inspecteur *divisionnaire* [1] a les mêmes attributions, dans l'arrondissement qui lui est confié, que l'Inspecteur sous les ordres duquel il est placé.

— Le Sous-Inspecteur *sédentaire*, attaché aux grandes Douanes et aux Bureaux de transit, est spécialement chargé de la direction et du contrôle des opérations de visite. Il est le chef, de droit et immédiat, des agents de la visite, et désigne le Vérificateur qui doit être chargé d'une opération de commmerce.

Le Sous-Inspecteur sédentaire reçoit du service actif la liste des Préposés susceptibles d'être cotés aux opérations avec les Vérificateurs et les Visiteurs.

Le Sous-Inspecteur sédentaire surveille et contrôle le service de la Brigade de la localité, dans les limites de sa résidence.

Pour punir un agent de Brigade, il doit se concerter avec le Capitaine.

SERVICE DE PERCEPTION.

Le service de perception comprend des Bureaux principaux, autrement dits Principalités, et des Bureaux subordonnés.

RECEVEURS.

Le Receveur principal, quel que soit le taux de son traitement [2], est, au point de vue théorique, supérieur au Sous-Inspecteur sédentaire. Il perçoit et paye pour les comptes de masses et remet aux Capitaines les fonds nécessaires au payement des Brigades. Il centralise le travail des Receveurs subordonnés qui versent dans sa caisse la totalité de leurs recettes et est seul responsable envers la Cour des Comptes.

(1) Il y a 82 Sous-Inspecteurs, dont 3 seulement divisionnaires et 79 sédentaires.

(2) Les appointements des Receveurs principaux varient de 2.500 à 6.000 fr. par an. Comprend-on un Receveur principal, employé supérieur, répondant administrativement et pécunièrement de la gestion de peut-être quinze Receveurs particuliers et ayant 2.500 fr. de traitement? S'il habite une grande ville, quelle position!

Le Receveur subordonné est placé directement sous les ordres du Receveur principal, sous la responsabilité duquel il gère et avec lequel il règle tous les mois de clerc-à-maître.

Les Receveurs admettent et reçoivent les transactions, pour les affaires contentieuses dont ils ont toujours les suites.

L'Administration fait élection de domicile chez les Receveurs.

PRINCIPALITÉS.

La Principalité est la base de l'organisation du service de perception.

CONTRÔLEUR, VÉRIFICATEUR, COMMIS PRINCIPAL, VISITEUR, COMMIS.

Il peut y avoir, dans les Bureaux principaux, des Vérificateurs, pour les opérations de visite, des Contrôleurs, chefs d'une section, et des Commis principaux et Commis expéditionnaires; dans les Bureaux subordonnés, des Visiteurs et des Commis.

SERVICE ACTIF.

Le service actif comprend des Capitaines, des Lieutenants, des Brigadiers et Sous-Brigadiers, à cheval et à pied, des Patrons et Sous-Patrons, des Préposés et Matelots, et les agents du service spécial.

CAPITAINERIES.

La Capitainerie est la base de l'organisation du service actif[1].

[1] Il existe un vice radical dans la répartition des Capitaineries et des Lieutenances et dans la distribution du service des Officiers. Ce service, tel qu'il est fait et tel qu'on l'exige, très-nuisible à l'action que doit exercer l'Officier sur ses Brigades, à la considération et à l'influence dont il doit jouir et à sa santé, l'est davantage encore à l'Administration, qui, demandant dans une division plus qu'un homme ne peut faire, dans une autre, un service illusoire, se prive des moyens d'améliorer le sort des Officiers et de diminuer leur travail.

Des Divisions ont trop d'étendue, d'autres trop d'importance, d'autres encore ni assez d'importance ni assez d'étendue et il y a trop d'Officiers, de Lieutenants surtout. Quel que soit le nombre d'hommes qu'ils commandent, quelle que soit l'étendue de leur arrondissement, quelle que soit l'importance de la fraude, les Officiers sont tenus de produire, suivant leur grade, la même quantité d'heures de service sur le terrain; aussi, par cette

Une Capitainerie, suivant son importance et son étendue, comprend de 0 à 7 Lieutenants, un nombre indéterminé de Brigades, et un effectif qui varie de 40 à 600 hommes et plus. Le nombre des Brigades par Lieutenance (subdivision de la Capitainerie) et d'hommes par Brigade, est indéterminé.

CAPITAINES.

Les attributions du Capitaine impliquent un travail de cabinet et une surveillance matérielle sur le terrain.

Le Capitaine règle l'ensemble du service des Brigades et s'assure, par des tournées sur les postes et sur le terrain même, ou par des rondes dans sa résidence, de jour et de nuit, que le service ordonné par le Brigadier est bien exécuté.

Le Capitaine reçoit du Receveur principal et distribue personnellement, dans sa première tournée du mois et dans chacun de ses postes, les appointements et les parts de saisies, remises

exigence, qu'arrive-t-il ? C'est, qu'avant tout, l'Officier tient à produire des heures de service extérieur, qu'elles soient ou non utiles, au risque même d'être nuisibles, puisque, par ses tournées, l'Officier fait connaître le lieu de station des hommes qu'il va rebattre.

Telle Capitainerie comporte plus de 600 hommes et 6 lieutenants, une musique, un tambour-major, une grande caserne, une école, une infirmerie, une cantinière, etc. Le Capitaine de cette localité, seul de son grade, est tout à la fois le chef responsable du service et de la police, le commandant, l'administrateur et le comptable de cette Capitainerie.

Telle autre Capitainerie a peu d'étendue, comporte moins de 60 hommes et 1 lieutenant, sans aucun des accessoires de la Capitainerie ci-dessus décrite.

Telle autre Capitainerie, encore, par son étendue et son long parcours, devient le tombeau de tout Capitaine qui y reste plus de trois ans.

Les Capitaines de ces trois Arrondissements peuvent être indistinctement de première ou de dernière classe, sans supplément pour celui qui commande la première Capitainerie, bien qu'il habite une grande ville; sans indemnité de frais de tournée, pour celui qui commande la troisième; sans indemnité de frais de bureau pour aucun.

Tel Lieutenant, dans une grande ville, qui est constamment en tenue et toujours chargé d'un service important, ne touche que 110 fr. par mois! Comment peut-il payer ses dépenses d'entretien et de logement et sa pension, s'il est garçon, ou nourrir sa famille, s'il est marié!

Tel Lieutenant a, pour sa division, trois Brigades de 6 hommes, à trois-quarts d'heure de distance l'une de l'autre, sur la plage; sa résidence est au centre, et il ne se fait pas de contrebande sur ce point du littoral; mais comme ce Lieutenant doit produire le même temps de service que ses collègues, pour obtenir le même nombre d'heures, il ira jusqu'à trois fois dans une journée sur l'un de ces postes; comme son Capitaine, qui a aussi une division peu étendue et sans importance, y fait, de son côté, environ quatre tournées dans le mois, voilà des Brigades nulles, rebattues au moins trente fois dans trente jours par leurs Officiers, quand trois à cinq tournées ou vérifications devraient suffire. Bien des Brigades qui ont de l'importance ne sont pas vérifiées plus de cinq fois dans le mois.

et autres fonds revenant à chaque homme. Il vérifie et vise les registres des Brigades et fournit, tous les mois, au Directeur, un journal ou rapport de service qui relate l'époque des payements, le détail des tournées ou rondes effectuées chaque jour et des services vérifiés, l'emploi du temps à la résidence, les congés, les vacances, les saisies opérées et ses observations sur l'ensemble du service de la Capitainerie, des résultats obtenus et du travail de ses Lieutenants, dont il apostille le journal.

Le Capitaine exerce les retenues pour la masse, le service de santé, le casernement et les dettes, reçoit et distribue les effets d'habillement, d'équipement et d'armement, tient au courant les livrets des hommes et toutes les écritures relatives au service, aux contrôles et à la comptabilité de la Capitainerie.

Le Capitaine établit les devis et mémoires pour les constructions et les réparations des corps-de-garde, embarcations, casernes et fournitures diverses; il surveille les constructions et réparations et lève les plans des immeubles; il passe et renouvelle les baux de location et les conventions avec les Médecins et les Pharmaciens; il vérifie et recense les fournitures de matériel, de literie et autres dont il est responsable et dont il tient les inventaires au courant.

Le recrutement, la police, la discipline, la conduite, la tenue et l'instruction militaire des brigades incombent spécialement au Capitaine, qui fait visiter les postulants et admet leur candidature, passe des revues, fait faire l'exercice du mousqueton, les écoles de soldat et de peloton, dans les Brigades, et inspecte l'état des armes et des munitions de guerre.

Le grade militaire du Capitaine des Douanes est Capitaine; il y en a 280.

LIEUTENANTS.

Le Lieutenant, placé sous l'autorité et le commandement du Capitaine, surveille le service des Brigades de son arrondissement, surtout la nuit, et le dirige de concert avec le Brigadier.

Il rend compte de son travail dans un rapport qu'il fournit mensuellement, comme le Capitaine, à qui il l'adresse.

Tous les détails de service, de conservation des immeubles, du matériel et des fournitures, de police, de conduite, de discipline, de tenue et d'instruction militaire et administrative sont du ressort du Lieutenant, qui ne peut s'immiscer dans la comptabilité ni dans le contrôle et l'administration des Brigades.

Dans ses tournées, le Lieutenant, comme le Capitaine, est accompagné d'un Préposé d'escorte.

Toutes les places de Capitaine appartiennent aux Lieutenants.

Le grade militaire des Lieutenants des Douanes est : Lieutenant pour la 1re et la 2e classe; Sous-Lieutenant pour la 3e classe.

Il y a 550 Lieutenants, environ.

CAPITAINES ET LIEUTENANTS DE PATACHE.

Les Capitaines et les Lieutenants de Patache[1] exercent, sur les hommes de leur équipage, les mêmes droits, et ils ont les mêmes attributions que les Capitaines ou les Lieutenants du service de terre, suivant que l'embarcation qu'ils commandent s'administre séparément ou fait partie d'une Capitainerie.

Leur grade militaire est : Capitaine, Lieutenant ou Sous-Lieutenant. Il y a environ 2 Capitaines et 16 Lieutenants de Patache.

BUREAU DES CAPITAINES.

Les écritures que tiennent les Capitaines et les effets qu'ils ont en magasin leur donnent droit à un secrétaire ou écrivain, pris parmi les Préposés, et les forcent à avoir un bureau-magasin, compris dans leur logement.

Le Préposé secrétaire du Capitaine est sans prérogative et ne reçoit pas de supplément.

BRIGADES.

Il y a des Brigades de ligne, des Brigades ambulantes, des Brigades à cheval et des Brigades maritimes ou équipages.

Les Brigades de ligne et de marins sont de deux classes; les

---

(1) Cet emploi n'a presque plus de raison d'être, les embarcations des Douanes étant aujourd'hui à manœuvres basses et d'un faible tonnage.

Brigades ambulantes et à cheval sont de 1re classe et ont le pas sur les Brigades de ligne. La différence dans le service consiste en ce que les ambulants, les Brigades à cheval et les équipages appuient les Brigades de ligne et qu'ils font des détachements prolongés, tandis que les Brigades de ligne gardent les quais d'un port, les portes d'une ville, d'un entrepôt, la côte, les marais salants, la frontière, sur un rayon limité et déterminé.

COOPÉRATION DU SERVICE ACTIF AU SERVICE DE PERCEPTION.

Dans des circonstances exceptionnelles, quand une opération de commerce doit avoir lieu hors de l'enceinte d'un Bureau et quand le personnel des employés de bureau est insuffisant, à un moment donné, les Directeurs peuvent faire utiliser, pour l'opération, la vérification des marchandises ou l'expédition des écritures, un agent de brigades.

Les Brigadiers peuvent, comme Buralistes, tenir certains registres de passavants.

SERVICE D'ÉCOR.

Un Préposé du service actif est coté aux embarquements, débarquements, transbordements, sorties, entrées de marchandises et bagages, et autres opérations faites par un Vérificateur ou Visiteur; mais il n'a à tenir compte que du nombre et de la marque et nullement à intervenir dans la vérification des marchandises.

Dans les ports, le Brigadier fournit au Receveur de la localité l'état des mouvements survenus parmi les navires entrés ou sortis dans les vingt-quatre heures.

SERVICE DE PLANTON.

Un Préposé est affecté comme planton à un Bureau de Douane situé à l'extrême frontière ou dont le Receveur se trouve seul employé. La mission du planton est de faire passer au Bureau, pour en acquitter les droits, les individus transportant des marchandises venant de l'étranger, d'aider le Receveur dans la reconnaissance et le pesage des marchandises et de signer avec lui les expéditions.

Un planton est également affecté à la porte des Bureaux du Directeur.

BRIGADIERS.

Le Brigadier ordonne, inscrit et dirige tout le service de sa Brigade, sous l'impulsion du Lieutenant. Il participe au travail des Préposés et répond de l'exécution du service. Il est responsable de la police de la caserne, de la conduite des hommes, de leur tenue et de la propreté de leurs armes [1].

Toutes les places de Lieutenant appartiennent aux Brigadiers.

Le grade militaire du Brigadier est Sous-Officier.

SOUS-BRIGADIERS.

Le Sous-Brigadier surveille les Préposés et fait avec eux le service ordonné par le Brigadier, qu'il supplée pendant son absence et quand il est de service [2].

PATRONS ET SOUS-PATRONS.

Le Patron et le Sous-Patron ont les mêmes attributions que le Brigadier et le Sous-Brigadier sur leur Brigade.

PRÉPOSÉS.

Le Préposé, le Cavalier, le Matelot, ne sont que de simples agents d'exécution, dès lors irréprochables quand ils ont exé-

[1] Les Brigadiers ne sont exempts d'aucune des charges des agents de leur Brigade, et ils coopèrent, comme eux, au service sur le terrain. Sauf dans quelques ports, ils n'ont pas le droit direct de vérification sur le service qu'ils ont ordonné et dont néanmoins ils sont rendus responsables, aussi bien que de la police de leur Brigade. Il n'y a point de différence ni dans le traitement ni dans la position, entre un Brigadier qui commande 3 à 6 hommes dans un poste nul et celui qui commande 15 à 25 hommes; ils portent l'un et l'autre les galons de sergent-major.

[2] Les Sous-Brigadiers sont de 1 à 5 par Brigade. La plupart de ces Sous-Brigadiers seraient avantageusement remplacés par des premiers-préposés, et un seul chef suffirait dans les Brigades de 8 hommes et au-dessous; mais à ce chef devrait incomber le droit de surveiller l'exécution du service qu'il a commandé.

Il y a trop de chefs dans les bas grades du service actif.

cuté ponctuellement le service qui leur a été ordonné par le Brigadier ou le Patron, ou à défaut par le Sous-Brigadier ou le Sous-Patron.

AGENTS DU SERVICE SPÉCIAL.

Les agents du service spécial font partie du service actif et ont tous servi dans les Brigades avant d'être pourvus d'un emploi du service spécial. Ces emplois sont : Garde-Magasin, Peseur, Plombeur, Emballeur[1].

CHAPITRE QUATRIÈME.

MATÉRIEL.

Il est pourvu aux dépenses de construction et d'entretien des immeubles (les casernes exceptées), des embarcations et des meubles et ustensiles, au moyen d'un fonds spécial inscrit au budget.

CHAPITRE CINQUIÈME.

ÉTATS D'APPOINTEMENTS.

Les états d'appointements d'activité sont établis dans les bureaux de la Direction, pour le Directeur et les Commis de Direction; par le Receveur principal, pour les Inspecteurs, les Sous-Inspecteurs et les Employés de Bureau, et par le Capitaine, pour les Lieutenants, les Brigadiers et les agents du service spécial.

CHAPITRE SIXIÈME.

ACCESSOIRES DES TRAITEMENTS.

TAXE DU PLOMBAGE.

Le produit du plombage est réparti, en totalité et exclusi-

---

(1) Le nombre en serait augmenté, parce que ce serait à ces agents que reviendraient le service de planton, les visites corporelles et de voitures devant les Bureaux, et les opérations de pesage, mesurage et sondage. Ces agents feraient partie du personnel de l'Administration des Douanes.

vement, entre les Receveurs principaux et subordonnés, les Sous-Inspecteurs sédentaires et autres employés de Bureau, et les agents du service spécial[1].

Le *maximum* de la part annuelle des Receveurs principaux et des Sous-Inspecteurs est fixée à 1.500 fr.; pour les autres employés elle ne peut excéder une somme supérieure au traitement fixe. — Les agents du service spécial ont un huitième de part.

REMISE SUR LES SELS.

Il est accordé à l'Administration une remise sur l'impôt du sel de 350.000 francs, partagée, par moitié, entre les employés de bureau, dont le traitement fixe n'excède pas 3.000 francs, et les agents du service actif qui concourent à assurer la perception de cet impôt.

INDEMNITÉ DE FRAIS DE LOYER DE BUREAU, CHAUFFAGE ET ÉCLAIRAGE.

Les Directeurs et les Receveurs reçoivent, par abonnement, des frais de loyer de bureau, de chauffage et d'éclairage[2].

Il est alloué pour les corps-de-garde des frais de bois et lumière, dont rendent compte les Brigadiers.

---

(1) Par le produit des plombs, quelques employés de bureau, sans surcroît de travail, doublent leurs appointements; d'autres les accroissent plus ou moins, mais beaucoup n'y ont pas part, ce qui établit une différence sensible entre employés de bureau de même grade. N'est-ce pas, dans l'Administration française, un vice, de voir, encore aujourd'hui, un impôt perçu exclusivement pour quelques employés!

Il est vrai que dans les grandes villes, sans plombs, les employés de bureau seraient aussi malheureux pécunièrement que le sont les capitaines et les lieutenants; mais on pourrait faire recette au budget de la taxe du plombage, comme des autres taxes, et, par ce surcroît de recette très-considérable, non-seulement augmenter les appointements, mais encore accorder une *indemnité de fonctions*, dans les grandes villes.

(2) Les Inspecteurs et Sous-Inspecteurs divisionnaires et les Capitaines n'ont pas d'indemnité de frais de chauffage et d'éclairage ni de frais de loyer de bureau, bien que tenus à un bureau, puisqu'ils ont droit à un secrétaire. Les Capitaines sont même dans l'obligation d'avoir un magasin pour les effets des Brigades. Les Lieutenants et la plupart des Brigadiers n'ont également pas d'indemnité de frais de chauffage et d'éclairage, bien que la nature de leurs fonctions les oblige à des écritures et à recevoir chez eux les Préposés, à faire du feu et à tenir de la lumière.

Ces frais sont une charge considérable pour certains Capitaines et certains Brigadiers.

LOGEMENT.

Tous les Receveurs ont droit au logement, comme garantie de la caisse. La dépense est comprise dans les frais de loyer de bureau.

Les Directeurs sont également logés sur les mêmes frais de loyer de bureau.

Quelques Inspecteurs, Sous-Inspecteurs et Contrôleurs sont logés dans les bâtiments tenus par l'Administration et ne payent pas de loyer.

Les Capitaines et Lieutenants, les Sous-Officiers et Préposés logés, payent le loyer au moyen d'une retenue mensuelle de casernement.

INDEMNITÉ DE FRAIS DE TOURNÉES.

Il est alloué des indemnités de tournées, par abonnement, aux Inspecteurs et aux Sous-Inspecteurs divisionnaires.

Les Directeurs chargés du service des Contributions Indirectes reçoivent également des indemnités de tournées.

Les Capitaines et les Lieutenants font les tournées à leurs frais; il ne leur est rien alloué pour ces frais[1].

INDEMNITÉ DE RÉSIDENCE.

Dans quelques localités, vu la cherté des subsistances, il est accordé une indemnité de résidence aux Sous-Officiers et aux Préposés.

INDEMNITÉ DE FOURRAGES.

Les Sous-Officiers et les Préposés à cheval reçoivent une indemnité représentative des fourrages.

---

(1) Les Capitaines et les Lieutenants, soumis aux mêmes charges de tournées que les Inspecteurs et les Sous-Inspecteurs divisionnaires des Douanes, les Inspecteurs et les Contrôleurs des Contributions directes, les Inspecteurs et les Gardes-Généraux des Eaux et Forêts, les Inspecteurs et les Vérificateurs de l'Enregistrement, les Ingénieurs et les Conducteurs des Ponts et Chaussées, etc., ne touchent pas, comme ces employés, d'indemnités de frais de tournées. Pourquoi cette exclusion des Officiers des Douanes?

CHAPITRE SEPTIÈME.

EMPLOIS (1).

TABLEAU DES EMPLOIS, CLASSES ET APPOINTEMENTS ANNUELS
DES AGENTS DES DOUANES.

ADMINISTRATION SUPÉRIEURE.

MM. Le Directeur-Général;
Les Administrateurs.

<table>
<tr><td rowspan="2"></td><td colspan="2" style="text-align:center">DANS LES DÉPARTEMENTS.</td><td>ADMINISTRATION CENTRALE
et Bureaux de Direction.</td></tr>
<tr></tr>
<tr><td rowspan="3">EMPLOYÉS SUPÉRIEURS.</td><td colspan="2">Directeurs, 4 classes, 8000, 9000, 10000, 12000 fr.</td><td></td></tr>
<tr><td colspan="2">Inspecteurs, 3 classes, 4500, 5000, 6000 fr.</td><td>Chefs-de-Bureau, 3 classes,
6000, 7000, 8000 fr.</td></tr>
<tr><td colspan="2">Sous-Inspecteurs, 3 classes, 2500, 3000, 3500 fr.</td><td>Sous-Chefs-de-Bureau, 4 classes, 4000, 4500, 5000, 5500 fr.</td></tr>
<tr><td rowspan="5">EMPLOYÉS SUBALTERNES.</td><td>SERVICE DE PERCEPTION.</td><td>SERVICE ACTIF.</td><td></td></tr>
<tr><td>Receveurs principaux, 7 classes, de 2500 à 6000 fr.</td><td></td><td></td></tr>
<tr><td>Contrôleurs de 2400 à 3000 fr.
Vérificateurs & Commis principaux, de 1800 à 2400 fr.</td><td>Capitaines, 3 classes, 2000, 2200, 2400 fr.</td><td>Commis principaux & d'ordre au Bureau central & premiers Commis de Direction, 2500 à 3500 fr.</td></tr>
<tr><td>Receveurs subordonnés, de 1200 à 2400 fr.</td><td></td><td>Commis de Direction, de 1800 à 2200 fr.</td></tr>
<tr><td>Visiteurs & Commis, à 1200 et 1500 fr.</td><td>Lieutenants, 3 classes, 1400, 1600, 1800 fr.</td><td>Expéditionnaires & Commis attachés, de 1200 à 2400 fr.</td></tr>
<tr><td rowspan="5">Agents du Sous-Officiers serv. spécial. et Préposés.</td><td colspan="3">Brigadiers et Patrons, à 950 et 1000 francs.</td></tr>
<tr><td colspan="3">Sous-Brigadiers et Sous-Patrons, à 850 et 900 francs.</td></tr>
<tr><td colspan="3">Préposés et Matelots, à 750 et 800 francs.</td></tr>
<tr><td colspan="3">Gardes-Magasins et Peseurs, de 900 à 1200 francs.</td></tr>
<tr><td colspan="3">Plombeurs et Emballeurs, à 800 francs.</td></tr>
</table>

(1) Voici quelles sont les modifications qui pourraient être introduites dans le personnel de l'Administration des Douanes, pour améliorer les traitements et mettre le

CHAPITRE HUITIÈME.

PROCÈS-VERBAUX.

Les lois répressives en matière de Douane sont très-sévères et il n'est pas permis aux tribunaux d'excuser les prévenus sur

service et la position sociale des employés en rapport avec l'institution de la garde spéciale de la frontière :

Former des employés de bureau des Douanes quatre catégories : 1° Fonctionnaires en chef; 2° Fonctionnaires supérieurs; 3° Fonctionnaires ordinaires; 4° Fonctionnaires secondaires. Chaque catégorie divisée en trois classes et donnant une supériorité de grades; dans chaque classe d'une même catégorie, un nombre égal d'employés.

Fixer au dixième de l'effectif des fonctionnaires le nombre des emplois de la 1re et de la 2e catégorie, et au double des emplois ordinaires les emplois secondaires.

Proportion entre les divers grades et classes, sur un effectif officiel de 2.000 employés, et traitements affectés aux grades et classes :

Catégorie	Grades	Classes			
1re CATÉGORIE, différence 2000f	Directeur.	1re classe	12000	13	
		2e classe	10000	13	40
		3e classe et Chef-de-bureau (tous de même classe)	8000	14	
2e CATÉGORIE, différence 1000f	Inspecteur. Receveur principal. Sous-Chef-de-Bureau.	1re classe	6000	53	
		2e classe	5000	53	160
		3e classe et Inspecteur adjoint (Sous-Inspecteur)	4000	54	
3e CATÉGORIE, différence 400f	Receveur particulier. Contrôleur. Vérificateur. 1er Secrétaire (1er Commis de Direction). 1er Expéditionnaire rédacteur (Commis principal ou d'ordre).	1re classe	3000	200	
		2e classe	2600	200	600
		3e classe	2200	200	
4e CATÉGORIE, différence 200f	Receveur subordonné. Visiteur. Secrétaire (Commis de Direction). Expéditionnaire rédacteur (Commis principal).	1re classe	1800	400	
		2e classe	1600	400	1200
		3e classe	1400	400	

Les promotions d'une classe à l'autre et celles de la 4e à la 3e catégorie auraient lieu : 2/3 à l'ancienneté, 1/3 au choix; les promotions de la 3e à la 2e et celles de la 2e à la 1re catégorie, auraient lieu au choix.

Les effets de la proportion et de la règle d'avancement ci-dessus, assureraient, en l'intention. Aussi, pour adoucir les rigueurs de la loi, l'Administration est autorisée à transiger pour toutes les affaires, même en matière de rébellion, voies de fait et injures, et à faire remise des peines corporelles, comme des condamnations judiciaires.

CHAPITRE NEUVIÈME.

CIRCULAIRES. — IMPRESSIONS.

Les circulaires imprimées ou instructions générales sont envoyées à tous les Chefs de service et Receveurs et à toutes les Brigades. Elles forment des volumes, conservés comme archives.

Les impressions nécessaires au service sont fournies par l'Administration, et à celle-ci, par l'Imprimerie Impériale.

quelque sorte, à l'employé qui ne passerait pas au grade supérieur, des appointements de 3.000 francs à la fin de sa carrière; un *minimum* de traitement de 4.000 francs serait dévolu au fonctionnaire supérieur.

Élever au grade d'Inspecteur-Adjoint les Sous-Inspecteurs, dans les grandes Douanes où ils sont indispensables.

Convertir en emplois de Vérificateurs, devenus chefs du Visiteur, les emplois de Sous-Inspecteur dans les Douanes secondaires.

Créer, par conversion d'emploi, des Receveurs particuliers responsables envers la Cour des Comptes et ayant les attributions des Receveurs principaux dans les localités et les bureaux de peu d'importance. Convertir en Recettes particulières les Recettes principales non conservées et quelques Recettes surbordonnées formant un Bureau composé.

Allouer, dans les grandes villes, une indemnité de fonctions à l'employé ordinaire et secondaire dont le service se fait hors le Bureau (20 et 30 francs par mois).

Exiger des candidats fonctionnaires un diplôme de bachelier; ne les admettre que comme aspirants-surnuméraires, pendant un an; leur faire subir un examen après cette première année, et, s'ils sont acceptés, les nommer Surnuméraires, en fixant la durée du surnumérariat à un an, après lequel temps ils seraient commissionnés stagiaires, à 600 francs d'appointements, en attendant leur nomination définitive.

Les emplois de Receveur subordonné et de Visiteur, dans les Bureaux sans importance, comme travail et comme recettes, et ceux de Commis, pourraient être convertis en emplois de Buralistes et d'Écrivains, donnés, — les premiers (Buralistes), à d'anciens employés en retraite, à d'anciens Officiers, à d'anciens Sous-Officiers même, résidant dans la localité, payés par indemnités de 300 à 800 francs par an et recevant des frais de bureau et le logement; ceux de ces buralistes qui auraient une caisse seraient soumis au contrôle du Receveur des Douanes le plus rapproché; — les seconds (Écrivains), à des Sous-Officiers congédiés et à des jeunes gens d'une instruction ordinaire. Ces derniers travailleraient gratuitement dans un Bureau de Douanes pendant six mois. Le traitement des écrivains varierait de 600 à 1.500 francs par an.

CHAPITRE DIXIÈME.

ADMISSION DANS LES HOPITAUX MILITAIRES.

Les employés des Douanes sont admis dans les établissements hospitaliers militaires, n'importe la branche de service à laquelle ils appartiennent.

CHAPITRE ONZIÈME.

UNIFORME. — TENUE.

Le décret du 16 janvier 1852 fixe l'uniforme des Officiers, Sous-Officiers et Préposés des Douanes. Le décret du 17 novembre de la même année, sur le costume des fonctionnaires des Finances, fixe l'uniforme des Directeurs, Inspecteurs et Sous-Inspecteurs. Les autres employés n'ont pas de costume.

CHAPITRE DOUZIÈME.

MASSES.

RETENUES DE MASSES.

Les agents du service actif sont seuls soumis à des retenues, sur leurs appointements, autres que celle pour la retraite, commune à tous les fonctionnaires civils.

Les retenues pour le casernement, la masse d'habillement et le service de santé, forment un fonds spécial, qui s'administre par Direction. C'est au moyen de ces retenues mensuelles qu'il est pourvu aux dépenses du casernement et des fournitures de literie, du service de santé, de l'habillement et de l'équipement, de l'armement et des munitions de guerre, et de l'entretien général des musiques, tambours, etc.

CASERNEMENT DES BRIGADES.

Il y a des Brigades non casernées, dont les hommes se logent chez l'habitant, et qui, conséquemment, ne subissent pas de retenue pour le casernement ; c'est le plus grand nombre.

Les Brigades casernées forment l'exception.

Il est pourvu au casernement au moyen de baux passés ou de constructions faites et payées avec le produit de retenues.

Les Officiers et les Sous-Officiers et Préposés mariés ont leur logement non meublé; les Sous-Officiers et les Préposés garçons sont en chambrées, et chaque chambrée a sa fourniture (souvent incomplète) de literie [1].

SERVICE DE SANTÉ.

Chaque Capitainerie a ses Médecins et ses Pharmaciens.

Les honoraires des Médecins et la fourniture des médicaments sont payés par abonnement ou sur mémoire [2].

HABILLEMENT, ÉQUIPEMENT ET ARMEMENT DES BRIGADES.

L'Officier se procure à ses frais ses armes et sa tenue.

Les mousquetons sont pris dans les manufactures impériales et les cartouches dans les arsenaux, et payés par l'Administration au Département de la Guerre [3], qui fournit gratuitement les sabres.

Il est passé, par Direction, des marchés pour les fournitures d'habillement, d'équipement et de coiffure.

Les mousquetons et les cartouches, aussi bien que les effets confectionnés, sont fournis aux Sous-Officiers et aux Préposés, qui en remboursent la valeur, avec une plus value, sur leur masse, alimentée par la retenue mensuelle de 6 francs pour chaque Sous-Officier, et de 5 francs pour chaque Préposé.

---

(1) La retenue mensuelle de casernement est d'environ 13 francs, pour le Capitaine; 10 francs, pour le Lieutenant; 7 francs, pour le Brigadier; 6 francs, pour le Sous-Brigadier, et 4 francs 50 centimes, pour le Préposé.

(2) Celle du service de santé est d'environ 2 fr. 50 c., pour le Capitaine; 1 fr. 85 c., pour le Lieutenant; 1 fr. 50 c., pour le Brigadier; 1 fr. 25 c., pour le Sous-Brigadier, et 1 fr., pour le Préposé.

(3) Ce n'est pas assez, pour le Douanier, de supporter les fatigues inhérentes au service très-actif des Brigades; il concourt au maintien de l'ordre, à la police des frontières, au service militaire, à la répression des crimes et délits, etc., à ses frais, il paye les armes dont il se sert et les munitions qu'il brûle!

CHAPITRE TREIZIÈME.

INSTRUCTION MILITAIRE DES BRIGADES.

La théorie des chasseurs à pied est ordonnée par l'Administration ; mais, pour l'exercice du mousqueton, l'instruction provisoire de la Gendarmerie est généralement suivie dans chaque Direction. L'instruction militaire est laissée à l'appréciation des chefs, et, sauf quelques exceptions, les hommes ne font l'exercice que quand leur service propre leur en laisse le temps [1].

TAMBOURS, CLAIRONS ET MUSIQUES.

Les Brigades peuvent, dans les grandes localités, avoir un corps de musiciens. Il est toléré, dans ces mêmes localités, un tambour-major [2]. Chaque Capitainerie peut avoir des tambours ou des clairons ; mais ces musiciens, tambour-major, tambours et clairons, dont quelques-uns sont sous-officiers, participent au service de la Brigade, et le budget de l'Administration n'alloue ni supplément aux musiciens, ni haute paye aux tambours et clairons, ni fonds spécial pour l'achat et l'entretien des instruments. Il est pourvu à cette dépense au moyen du boni des masses, de retenues individuelles sur les appointements, ou d'économies de bois et lumières réalisées dans les corps-de-garde.

CHAPITRE QUATORZIÈME.

TERRITOIRE SOUMIS A LA POLICE DES DOUANES-RAYON.

La partie du territoire sur laquelle peut s'exercer la police des Douanes est appelée le rayon des Douanes, ou le rayon frontière, ou les lignes des Douanes.

---

(1) Si le Directeur, si un Inspecteur a des velléités militaires, il ordonnera l'exercice, les manœuvres, les revues ; si, au contraire, il est Administrateur, Douanier, il réprimera l'élan militaire.

(2) Dans les grandes douanes : la Capitainerie, sous les armes, prend le titre de bataillon, et un bataillon a son petit état-major (il y manque les sapeurs). L'existence de ce petit état-major est éphémère ; il suffit d'un chef : Directeur, Inspecteur, Capitaine quelquefois, pour le faire vivre ou le faire mourir.

Ce rayon s'étend entre la ligne de l'extrême frontière et une autre ligne, tirée à vol d'oiseau, à deux myriamètres dans l'intérieur ou en mer, ou à un myriamètre en-deçà des côtes.

Pour faciliter la répression de la fraude sur toutes les parties de la frontière de terre où la mesure fixe de deux myriamètres de rayon n'offre pas les positions les plus convenables au service des Douanes, ce rayon peut être étendu jusqu'à la distance de deux myriamètres et demi de l'extrême frontière.

Sur le littoral, les bords des rivières affluentes à la mer et autour des mines de sel, sources salées, salines et autres établissements spéciaux, il existe un rayon de 15 kilomètres, où le service des Douanes exerce son action pour la surveillance des sels.

TITRE DEUXIÈME.

OBSERVATIONS SUR L'ENSEMBLE DES DISPOSITIONS

EN VIGUEUR DANS LES DOUANES,

ET SUR LES ESSAIS INFRUCTUEUX D'ORGANISATION MILITAIRE DES BRIGADES.

L'ensemble des dispositions qui font l'objet du titre qui précède est parfaitement approprié aux besoins de l'Administration des Douanes et à la garantie des intérêts qu'elle sauvegarde; en effet, le service d'exécution et le service de perception, séparés d'abord, se réunissent aux emplois supérieurs, pour l'unité d'action et le contrôle; et, contrairement à ce qui est dans les Ministères de la Guerre et de la Marine, où l'autorité du commandement conserve la haute main sur tous les services, il a été admis, dans l'Administration des Douanes, et c'était de toute convenance, que le Corps des Brigades armées, qui ne font qu'un service d'exécution, accessoire du service de perception, ne passe qu'en second, et que la haute direction du service est dévolue à la branche administrative.

Mais, cette haute direction administrative, que la constitution de l'Administration justifie, devait-elle s'étendre au commandement militaire des Brigades, même quand les lignes de Douanes sont levées et que ces Brigades ne font plus qu'un service militaire?

Devait-il s'en suivre que les Chefs supérieurs des Douanes, qui avant d'être Directeurs, Inspecteurs, Sous-Inspecteurs, n'ont servi ni dans les rangs de l'armée ni même, les quinze-seizièmes, dans ceux des Brigades[1], desquels on n'exige pas plus

[1] Autrefois, sous le premier Empire, beaucoup de Contrôleurs de Brigades (Capitaines) devenaient Inspecteurs; mais depuis la création (1816) des Sous-Inspecteurs très-nombreux, qui ont remplacé les Contrôleurs aux visites, n'existant auparavant que dans les grandes Douanes, la part à l'avancement au grade de Sous-Inspecteur faite au service actif a été tellement réduite que c'est à peine si aujourd'hui, sur environ

de notions militaires que des autres administrateurs financiers, dussent prendre le commandement du Corps armé des Douaniers, appelés à agir militairement pour la défense de la patrie, et, conséquemment, fournir un état-major très-nombreux de Colonels et de Chefs-de-Bataillon, ayant gagné leurs épaulettes en servant dans les Bureaux, et dont le Directeur-Général, le chef de tous, reste sans caractère militaire?

Le point de départ de l'organisation militaire des Brigades des Douanes ayant sa base sur la formation des Directions en Légions, commandées par les Directeurs, et des Inspections en Bataillons, commandés par des Inspecteurs ou des Sous-Inspecteurs, qui, comme il est dit plus haut, sont exclusivement des administrateurs et non des militaires[1], a été l'écueil contre

32 Directeurs, 95 Inspecteurs, 82 Sous-Inspecteurs, en tout *210 Officiers supérieurs des Douanes, 20 ont servi dans les Brigades!* Cependant le nombre des Officiers subalternes, Capitaines et Lieutenants, est de 800, le quart du nombre d'employés de bureau! Ces Officiers subalternes n'ont devant eux, en moyenne, qu'une place de Sous-Inspecteur chaque année, quand derrière eux sont 24.000 Sous-Officiers et Préposés; les Employés de bureau participent à 130 emplois de Chef et de Sous-Chef-de-bureau et de Receveur principal, indépendamment des emplois ci-dessus de Directeur, Inspecteur et Sous-Inspecteur.

(1) Les Sous-Inspecteurs proviennent presque tous des Vérificateurs et des premiers Commis, quelques-uns des Receveurs subordonnés et autres Employés de bureau qui, comme les Vérificateurs et premiers Commis, n'ont pas servi dans les Brigades et n'en connaissent pas le service, fort peu proviennent des Capitaines. Bien que le Sous-Inspecteur sédentaire n'ait officiellement que le costume civil commun aux employés des finances; qu'il n'ait que le droit de surveillance sur le service de la Brigade de sa résidence; qu'il doive se concerter avec le Capitaine pour punir un Préposé, l'Administration ayant fait comprendre dans l'organisation militaire de 1831 ce Sous-Inspecteur (il y en a 79) comme Chef-de-bataillon, aussi bien que le Sous-Inspecteur divisionnaire qui est, lui, chef du service actif (mais il n'y en a que trois); et par une circulaire de 1852 ayant accordé aux Sous-Inspecteurs la faculté de porter, *en petite tenue*, la tunique des Brigades, avec les 4 rangs de tresses du chef-de-bataillon; de plus, l'un des Sous-Inspecteurs sédentaires des grandes Douanes ayant dans ses attributions le service actif de la localité et étant autorisé, comme s'il était Sous-Inspecteur divisionnaire, à prendre le commandement des Brigades dans les revues, à l'arrivée d'un Prince, etc., il s'en suit que des Officiers du service actif des Douanes, vieillis sous l'uniforme militaire, exerçant un commandement depuis longues années, subissent, eux-mêmes et leurs hommes, le commandement militaire d'un employé, supérieur, il est vrai, mais sortant des bureaux, quelquefois nommé à peine Sous-Inspecteur, qui n'est pas leur chef réel, auquel il peut leur arriver d'apprendre à aligner le bataillon!

Et, selon les dispositions de l'ordonnance de 1831, ce Chef-de-bataillon peut être appelé, le cas échéant, à mener au feu, à commander sur un champ de bataille son bataillon!!!

lequel sont venus se briser les essais de 1812, alors que l'Empereur avait eu la pensée de donner une organisation militaire aux Brigades des Douanes, et ceux de 1831, dont les dispositions, toutes de prévoyance et de précautions, ne sont applicables que dans le cas où l'ennemi envahirait la France, puisque, aux termes de l'ordonnance du 31 mai 1831, les Brigades des Douanes ne peuvent et ne doivent être affectées au service militaire que d'une manière absolue, sur la partie du territoire où les lignes des Douanes seront levées : —1° dans le cas d'invasion du territoire, soit par terre, soit par mer ; —2° pendant que les opérations militaires auront lieu à l'extrême frontière ; comme si, sans lever les lignes des Douanes, service essentiel, mais qui, sur certain rayon, perd forcément de son importance, en temps de guerre ; et si, sans distraire les Douaniers de leur service propre, toujours fait sur un point quelconque du littoral ou de la frontière, les Brigades des Douanes ne pouvaient pas, en même temps qu'elles surveillent la contrebande et assurent la rentrée des droits au Trésor, surveiller aussi les manœuvres de l'ennemi, être spécialement chargées de la défense des côtes, et, un certain nombre de Douaniers, pris dans les divers postes, seconder les opérations militaires ou servir dans les places, en temps de guerre.

Aussi, l'organisation militaire réelle et définitive du Corps des Brigades des Douanes et son incorporation dans les rangs de l'armée, a-t-elle paru jusqu'ici dans des conditions irréalisables, et l'Administration s'appuye-t-elle, pour repousser toute tentative de militarisation de ses Brigades et pour conserver intacts son action et son pouvoir, sur l'ignorance dans laquelle on est généralement des divers éléments et des combinaisons des services qui composent cette branche importante du revenu public, et sur ce que, le Chef de l'État a toujours trouvé une force réelle dans les Brigades des Douanes, telles qu'elles sont organisées, qu'elle s'empresse de mettre à la disposition de l'autorité, toutes les fois que leur présence ou leur secours peut être de quelque utilité.

Si je suis parvenu à bien faire saisir l'organisation civile et militaire des Douanes, telle qu'elle est, on remarquera que les Brigades armées forment déjà, dans l'Administration, une branche à part, facile à séparer ; qu'au lieu *d'un simple aide* ou *d'une simple coopération,* peut-être illusoire, qu'elles fourniraient, au besoin, au service de la défense des places et des côtes, en restant sous le régime actuel, avec des Offfciers supérieurs, venus presque tous des Bureaux, si ces Brigades armées étaient distinctes de l'Administration, elles pourraient, tout en continuant leur service de Douane, forcément moins répressif par suite des modifications apportées au tarif, fournir, en temps de guerre, sous le commandement et la direction d'Officiers militaires, *une armée de gardes-côtes* ou de défenseurs du territoire, exercés, pendant la paix, à la manœuvre et au service du canonnier et du fantassin.

TITRE TROISIÈME.

ÉCONOMIE DU PROJET D'ORGANISATION MILITAIRE
DU CORPS ARMÉ DES DOUANIERS.

1.

Le service actif des Douanes, c'est-à-dire le Corps armé des Brigades des Douanes, depuis le Préposé et le Matelot jusqu'au Capitaine inclus, passe du Département des Finances au Ministère de la Guerre, et prend la dénomination de *Garde spéciale de la frontière.*

2.

Les attributions actuellement dévolues aux Brigades des Douanes, incombent à la Garde spéciale de la frontière.

3.

La Garde spéciale est, de plus, en temps de guerre, chargée de la garde et de la défense des places frontières et des côtes de l'Empire.

4.

La Garde spéciale de la frontière, formée en Légions [1], est

---

[1] Il faudrait approximativement 28 Légions commandées par des Colonels ou des Lieutenants-Colonels surveillant l'ensemble du service, de l'administration et de la comptabilité; mais, comme dans la Gendarmerie, ne s'occupant point des détails.

— Les bataillons, tenant de la compagnie de Gendarmerie et du bataillon de l'armée, correspondraient aux Directions des Douanes; et, suivant son importance, une Direction comprendrait de 1 à 3 bataillons. Il en faudrait environ 64.

Les Conseils d'administration seraient établis par bataillon.

Les Chefs-de-bataillon seraient spécialement chargés de la direction du service.

— Les Capitaineries, tenant de la compagnie et d'un arrondissement de Gendarmerie et de la compagnie dans la ligne, seraient de 2 classes: celles de 1re classe commandées par des Capitaines ayant la plupart sous leurs ordres un Officier de section (Lieutenant en second ou Sous-Lieutenant), celles de 2e classe commandées par des Lieutenants en premier.

organisée à l'instar de la Gendarmerie, se recrute, comme cette arme, parmi les militaires et les marins de tout grade et de toutes armes, mais sans condition de taille.

5.

La Garde spéciale de la frontière est une force publique; elle ne peut être détournée, par les Autorités civiles ou militaires, du service spécial et constamment actif pour lequel elle est instituée, que dans des cas déterminés.

6.

La Garde spéciale de la frontière a droit au logement comme les autres corps de troupes; elle occupe, soit les casernes des postes et forts construits pour la défense des côtes, soit des casernes appartenant à l'État, aux Communes ou tenues à bail.

7.

En raison de la nature mixte de son service, la Garde spéciale de la frontière se trouve placée dans les attributions du Ministre de la Guerre, pour l'organisation, le commandement,

L'effectif d'une Capitainerie varierait de 50 hommes à 200.

Le nombre des Capitaineries par bataillon varierait de 6 à 20.

Les Commandants de Capitainerie seraient chargés de tous les détails du service, de l'administration et de la comptabilité.

— Les Trésoriers, du grade de Capitaine, de Lieutenant et de Sous-Lieutenant, seraient chargés de tous les détails des contrôles, d'administration et de comptabilité d'un bataillon.

— Il y aurait des Sous-Officiers de tout grade et des Caporaux. La proportion de ces derniers sur les premiers serait de 2/3 sur 1/3 et celle des Sous-Officiers et Caporaux sur les Gardes de 1/5 de l'effectif.

Les Brigades seraient commandées par des Sous-Officiers ou des Caporaux.

L'effectif d'une Brigade varierait de 5 à 15 hommes

Les Commandants de brigade ordonneraient le service, le vérifieraient, y coopéreraient par fois et en surveilleraient l'exécution.

— Il y aurait, comme dans la Gendarmerie, des Sous-Officiers adjoints aux Trésoriers et des Caporaux secrétaires, plus des premiers Gardes secrétaires.

— La solde de présence serait en rapport avec la solde des diverses armes, moins élevée, pour chaque grade, que dans la Gendarmerie.

Les accessoires de solde et les prestations en nature seraient les mêmes que celles allouées aux troupes.

la discipline, l'administration intérieure, la comptabilité et
pour l'exécution réglementaire de toutes les parties du service;
du Ministre des Finances, pour l'exécution des lois, décrets et
règlements en matière de Douanes.

8.

La partie du service de la Garde spéciale de la frontière
relative aux Finances, est exécutée, comme les autres parties
du service, en vertu du règlement.

9.

Les services administratifs et de perception des Douanes, et
les employés de tout grade attachés à ces services, aussi bien
que les agents du service spécial *(voir page 23)*, constituent
l'Administration des Douanes, laquelle reste attachée, avec
ses employés, au Ministère des Finances, au titre qu'elle a
déjà et comme les autres administrations financières.

10.

L'autorité du Ministre des Finances est représentée envers
la Garde spéciale de la frontière, par le Directeur-Général des
Douanes et des Contributions Indirectes, qui signe les ordres
généraux, et les Directeurs, chefs du service dans les Départements; les Inspecteurs et les Receveurs; les Contrôleurs et
les Vérificateurs ou Visiteurs.

11.

Les employés des Douanes revêtus de l'autorité du Ministre
sont pourvus, indépendamment de leur commission d'emploi,
du titre de (Commissaire ou Intendant) des Douanes, qui leur
donne qualité vis-à-vis des militaires de la Garde spéciale de
la frontière.

12.

Des Comités mixtes, indépendamment du Comité consultatif,
sont institués pour délibérer sur les questions administratives
ou de service litigieuses, d'augmentation ou de diminution

d'effectif, de suppression on de création de Brigade, de Capitainerie, de Bureau, et sur les mesures et exceptions locales.

13.

Le Directeur-Général, les Directeurs et les Receveurs ont exclusivement l'initiative des autorisations exceptionnelles et provisoires en ce qui concerne les Douanes; la Garde spéciale de la frontière est tenue de prendre les mesures de service propres à assurer l'exécution de la faculté ou autorisation accordée.

TITRE QUATRIÈME.

AVANTAGES, POUR L'ÉTAT, RÉSULTANT DU PROJET D'ORGANISATION MILITAIRE DU CORPS DES DOUANIERS.

Les intérêts divers tenant au régime des Douanes étant garantis par la conservation à la Direction-Générale des Douanes des services administratifs et de perception, qui ne subissent aucune modification sensible, et par le maintien au service administratif de la haute direction du service d'exécution fait par un corps militaire, il est vrai, mais dont l'institution n'est nullement changée, en ce qui concerne la partie douanière de son service et sa responsabilité envers l'Administration, l'État trouverait, dans l'adoption du projet d'incorporation des Brigades des Douanes dans les rangs de l'armée, les avantages suivants :

1º Une force armée ou corps de troupe de 25.000 hommes, forts, robustes, soumis à la discipline, habitués aux fatigues et aguerris, à ajouter aux forces militaires de l'Empire.

Sur ces 25.000 hommes, ceux établis dans les ports, sur les côtes et les marais salants, plus de la moitié, pourraient former un corps réel, permanent et définitivement constitué de canonniers gardes-côtes[1], qu'à défaut, en cas de guerre maritime ou d'opérations militaires sur le littoral, il faudrait prendre dans les régiments d'artillerie et dans la marine, ou créer, au moyen d'éléments divers, au détriment peut-être des besoins de l'armée de terre ou de l'armée de mer.

---

(1) Selon le projet de la Commission de défense des côtes de France, 16.000 canonniers seraient réclamés pour le service des bouches à feu, en temps de guerre, et il serait indispensable d'avoir sur les côtes, en temps de paix, un personnel de 1.800 canonniers, en dehors des gardiens de batterie. Ce personnel serait tout trouvé, car les 16.000 canonniers nécessaires, sur le pied de guerre, pourraient être complétés par l'envoi, dans les Légions du littoral, d'hommes tirés des Légions de la frontière de terre.

Ce Corps de Gardes-Côtes serait constitué, sans que la surveillance spéciale aux Douanes ait à souffrir, puisque le service du Douanier étant toujours fait sur un point quelconque des côtes, les Gardes spéciaux de la frontière pourraient, en même temps, surveiller et empêcher la contrebande, les mouvements de l'ennemi, les débarquements de troupes et de munitions, etc.

Les hommes échelonnés sur les frontières de terre participeraient, en un moment donné, au service et à la défense des places, avec la totalité ou une partie seulement de l'effectif, et, au besoin, à la défense des côtes, dans la proportion d'un tiers, envoyé en renfort aux légions du littoral.

L'instruction théorique et pratique, pour la manœuvre et le tir des bouches à feu de gros calibre et celle du mousqueton; l'instruction nécessaire au canonnier garde-côte, pour le montage et le démontage des pièces et affûts et pour l'entretien du matériel de l'artillerie, aussi bien que l'instruction théorique et spéciale au service des Douanes, seraient apprises, au dépôt de chaque Légion, à tous les gardes nouveaux admis; ces instructions seraient maintenues dans les Brigades, au moyen d'exercices et d'écoles périodiques, par les Officiers, Sous-Officiers et Caporaux de l'arme et par les Gardiens de batterie.

2° Une nouvelle carrière militaire ouverte aux officiers supérieurs et subalternes, aux sous-officiers, caporaux et soldats de toutes armes et aux marins, sachant écrire, congédiés ou en activité, *que des blessures empêchent de maintenir dans les régiments,* et que le défaut de taille exclut de la Gendarmerie, au lieu, du débouché illusoire et des avantages factices qu'offrent actuellement, aux militaires, les Brigades des Douanes.

3° Retraiter un moins grand nombre de militaires, par suite de la diminution possible, en temps de paix, de l'effectif de l'armée active, augmenté de 25.000 gardes frontières et du nouveau mode de recrutement de ce Corps, pris parmi les militaires exclusivement.

4° Et, par une meilleure répartition des traitements et accessoires des emplois, améliorer la position de la plupart des fonctionnaires continuant à faire partie de l'Administration, celle des Officiers des Douanes, beaucoup moins rétribués que les officiers de troupe et que les employés civils d'un rang analogue, et dont l'avancement s'arrête, pour les $^{99}/_{100}$, au grade de capitaine, enfin celles des Sous-Officiers et Préposés, exclus des avantages accordés à l'armée, parce qu'ils dépendent du Ministère des Finances, bien qu'en sus des fatigues et des charges inhérentes au service très-actif des Brigades, ils supportent les charges militaires de discipline, de subordination passive, de tenue, d'exercice, de revues, et exposent leur vie pour le maintien de l'ordre, pour l'arrestation des hommes et réfugiés politiques et pour la répression des crimes et délits.

FIN.

NOTES PARTICULIÈRES.

Comparaison entre les émoluments des Officiers subalternes des Douanes et ceux des Officiers de troupe, de quelques fonctionnaires civils et des Officiers supérieurs des Douanes. Charges; Objections; Nécessité de changer, en l'améliorant, la position des Capitaines et des Lieutenants et celle de certains Brigadiers.

Le traitement annuel du Capitaine des Douanes de 1re classe (il n'a pas d'autres émoluments fixes) est, déduction faite de la retenue de 5 p. $^0/_0$ pour la retraite, de .... 2.280 ^{f}

A prélever, pour frais de tournées, de bureau, de magasin, en moyenne 200

Reste net, pour tous émoluments, au Capitaine des Douanes de 1re classe......................... 2.080 ^{f}

La solde de présence du Capitaine d'Infanterie de 1re classe (l'arme la moins payée) est, déduction faite des Invalides, 2 p. $^0/_0$, de............................. 2.352 ^{f}

A ajouter { Supplément fixe........... 150 ^{f} } 510
{ Indemnité de logement ..... 360 }

Reste net, comme émoluments, au Capitaine d'Infanterie de 1re classe......................... 2.862 ^{f}

Différence de 800 francs à l'avantage du Capitaine d'Infanterie sur le Capitaine des Douanes.

Le Receveur ambulant à cheval des Contributions Indirectes touchait, avant 1847, des appointements de 2.400 fr., représentant 1.800 fr. pour le traitement personnel et 600 fr. pour le cheval, tout comme le cavalier des Douanes touchait des appointements de 1.200 fr., dont 600 fr. pour le cheval. Ce Receveur était donc un employé à 1.800 fr., quand le traitement des Capitaines des Douanes variait de 2.000 à 2.400 fr.

Le Capitaine est resté au taux ci-dessus; mais le Receveur peut avoir, aujourd'hui, 2.400 fr. d'appointements fixes, plus 500 fr. pour le cheval.

Le Capitaine des Douanes pouvait, autrefois, atteindre le traitement de 2.600 fr.; il s'arrête, aujourd'hui, à 2.400 fr. Le Receveur principal et le Contrôleur aux visites d'alors, qui débutaient à 2.400 fr., ont, depuis longtemps déjà, 2.500 fr.; il est question de leur donner 3.000 fr. Les premiers Commis ont depuis longtemps aussi 2.500 et 3.000 fr., et les Contrôleurs, dont les appointements variaient de 2.200 à 3.000 fr., ont été récemment portés à 2.700 et 3.000 fr.

Le traitement des Vérificateurs et des Commis principaux, qui était inférieur, est à présent égal à celui des Capitaines; l'un et l'autre vont à 2.400 fr.

Le Capitaine de 3e classe des Douanes a, pour appointements, déduction faite du 5 p. % pour la retraite......... 1.900 f

À prélever		
Frais de tournées, en moyenne........	175 f	
Frais de bureau, avec un Secrétaire....	35	
Logem*, y compris le bureau et le magasin.	200	450
Dépense extraordinaire pour la tenue...	40	

Reste net, pour tous émoluments, au Capitaine des Douanes de 3e classe..................... 1.450 f

Le Receveur des Douanes qui débute, a de solde, déduction faite du 5 p. %.............................. 1.140 f

Frais de bureau alloués et forts centimes....... 100

Son logement et son bureau................. 150

Reste au Receveur, à son entrée dans la carrière. 1.390 f

Différence de 60 fr., entre le Capitaine, de l'âge de trente-six à cinquante-deux ans, presque toujours père de famille, avec des enfants à élever, et le Receveur, presque toujours garçon et de l'âge de vingt à vingt-deux ans.

———

La moyenne des émoluments de toute sorte des Officiers des Douanes, comparée à celle des Officiers d'Infanterie du grade assimilé, présente les résultats suivants :

Directeur, des 4 classes....... 13.000f	Colonel........................... 9.800f.		
	Lieutenant-Colonel............. 5.700f.		
Inspecteur, des 3 classes...... 5.800f.	Chef de-Bataillon............... 4.700f.		
Sous-Inspecteur, des 3 classes. 4.000f.			
Capitaine, des 3 classes........ 2.150f.	Capitaine, des 2 classes......... 2.710f.		
Lieutenant, des 3 classes....... 1.585f.	Lieutenant des 2 cl. et S.-Lieut. 1.825f.		

Ainsi qu'on le remarque par le tableau ci-dessus, quand la différence des émoluments comparés est à l'avantage des Directeurs et des Inspecteurs (les Sous-Inspecteurs n'ont aucune charge), elle est d'autant plus défavorable aux Capitaines et aux Lieutenants, que, comme il a été dit déjà, ces officiers subalternes n'ont point d'indemnité de frais de tournées et de bureau comme les Directeurs, les Inspecteurs, les Receveurs, et que le grade de Capitaine est presque l'apogée des employés qui débutent dans les Brigades, ce qui devrait militer en faveur des Capitaines et leur donner droit à une amélioration pécuniaire dans leur position.

———

On comprend que le service actif ait les charges militaires de tenue, de police, de discipline ; qu'il fasse l'exercice, qu'il manœuvre, qu'il soit présenté à une grande revue, et même offert à l'Autorité pour concourir au service militaire, au maintien de l'ordre et à tous autres services; mais où est la compensation?

Dès que le Capitaine, le Lieutenant, parlent de quelques-uns des avantages du commandement dont jouissent les Officiers de troupe et de leur position d'infériorité, honorifiquement et pécuniairement, vis-à-vis des militaires auxquels ils sont assimilés, on leur répond : Vous n'êtes pas militaires!

Mais alors qu'on les laisse civils; et quand ils se plaignent d'être plus désavantageusement traités que les employés civils de même rang, qu'on ne leur objecte pas : Vous êtes du service actif!

Puisque le service actif est composé de fonctionnaires civils, qu'on traite ces fonctionnaires comme tels; qu'on enlève aux Capitaines et aux Lieutenants, le titre, les distinctions militaires d'un grade, aux avantages duquel ils ne peuvent prétendre, et qui est pour eux une charge ; que leurs appointements de fonctionnaires civils, qui, comme il a été dit, ont été diminués, tandis que ceux des autres employés ont toujours été augmentant, soient mis en rapport avec la cherté croissante des subsistances; qu'on leur alloue des indemnités, de frais de tournées et de frais de bureau, auxquelles donnent droit leurs déplacements très-fréquents, leurs écritures, leur bureau, leur magasin et leur Préposé écrivain, et qu'on leur accorde la part d'avancement au grade supérieur qui leur revient proportionnellement au nombre d'officiers et au nombre d'employés de bureau, c'est-à-dire, le quart; qu'on alloue aussi aux Brigadiers des frais de bureau, et aux marins naviguant sur les bateaux pontés, des frais de vivres de bord, car ils supportent ces dépenses, quelquefois très-fortes.

Contre la part légale du quart des emplois supérieurs vacants qui devraient proportionnellement revenir aux Capitaines, et contre l'augmentation de leur solde, l'Administration peut opposer :

1° Quelle n'a pu faire jusqu'ici une part plus grande ni un choix plus étendu, pour les emplois supérieurs, parmi les Capitaines, parce qu'ils sont incapables ou trop âgés, quand, parvenus à la 1re classe, ils pourraient être mis sur les rangs pour la Sous-Inspection. En principe, l'allégation de l'Administration est fondée ; il y a peu d'instruction parmi les Capitaines, et ils ne parviennent que très-tard à la 1re classe ; mais d'où vient qu'auparavant, alors que l'instruction était moins répandue en France, la composition des Capitaines et des Officiers, en général, était supérieure à celle actuelle, et que, depuis longtemps déjà, l'on manque dans les Brigades de *sujets capables* pour la Lieutenance ?

Il y a évidemment une cause, et cette cause n'existerait-elle pas, en ce que, sous le premier Empire, les Contrôleurs de Brigades (Capitaines) étaient mieux rétribués, touchant de fortes parts de saisies, nulles à présent, et parvenaient d'autant plus rapidement aux grades supérieurs, que l'on n'exigeait pas la 1re classe ou le traitement le plus élevé du grade de Contrôleur de Brigades et que l'on prenait moins d'employés de Bureau pour Contrôleur aux visites, emploi fort rare alors, qui a été considérablement accru sous sa dénomination actuelle de Sous-Inspecteur sédentaire, presque toujours donné à des employés de bureau. Cependant la composition des Brigades, dans ce temps-là, était loin de valoir celle actuelle, comme probité, tenue, ordre, conduite.

2° Que la position des Sous-Inspecteurs, à 2.500 francs d'appointements, ne permet pas d'élever le traitement des Capitaines ; mais, puisqu'il y a des Contrôleurs employés de bureau à 3.000 francs, pouvant avoir 1.500 francs de plombs, qui, comme les Capitaines, sont moins hauts en grade que les Sous-Inspecteurs et peuvent se trouver sous leurs ordres, pourquoi n'y aurait-il pas des Capitaines à 3.000 francs ? Les attributions du Capitaine, qui a sous ses ordres plusieurs Lieutenants, plusieurs Brigades, qui administre et commande une Capitainerie de 100 à 600 hommes, ont bien l'importance relative des attributions d'un Contrôleur de sec-

tion, qui dirige le travail de quelques commis. C'est en même
temps (en 1839) qu'on augmentait le nombre des Contrôleurs
de section, qu'on substituait à la dénomination de Contrôleur
de Brigades celle de Capitaine et qu'on réduisait leur solde,
qui aujourd'hui n'atteint plus un chiffre aussi élevé qu'il y a
soixante ans [1].

A défaut d'organisation militaire définitive des Brigades, il
resterait à l'Administration à procéder, à l'égard du service
actif rendu à ses fonctions et à son organisation civile, et au
fur et mesure des moyens dont elle disposera, aux améliorations et modifications que paraissent justifier les considérations
suivantes :

Les Capitaines et les Lieutenants n'ont, en général, ni l'instruction première, ni l'éducation, ni l'usage du monde que
comporte leur grade et leur uniforme; mariés étant Préposés
ou Sous-Officiers, mal rétribués dans tous les emplois,
ils sont sans ressources pour faire élever leurs enfants, et ce
n'est que par les privations les plus dures, au détriment de
leur bien-être intérieur qu'ils parviennent à se maintenir d'une
manière, relativement, honorable vis-à-vis des autres fonctionnaires et de la population. Leur position a donc besoin d'une
réforme, surtout d'une amélioration; mais ce n'est pas toujours par l'augmentation du traitement qu'on améliore la position d'un fonctionnaire, et les exigences du budget sont là.

Le rang étant pour beaucoup dans la position sociale et dans
la manière de vivre, il faut, avant tout, fixer au fonctionnaire
des appointements en rapport avec son rang social. Ainsi, que
l'on donne 1.200 francs de solde à un Brigadier, qui n'a qu'un
rang relatif de Sous-Officier, ce Brigadier aura une position
très-heureuse; que l'on donne ce traitement au Lieutenant,

---

[1] Il peut être question d'élever les appointements des Capitaines; mais si, comme
on le dit, l'augmentation est de 100 à 200 francs, la position pécuniaire de ces officiers
restera toujours de beaucoup inférieure à celle des autres employés civils et des officiers
de troupe, à cause des charges dépendantes de leurs fonctions, de leurs déplacements et
de leur bureau.

qu'on lui donne même 1.400 francs, 1.600 francs, la position de cet employé, qui a rang d'officier, sera loin d'être aussi heureuse, relativement, que celle du Brigadier. Il en est un peu de même du Lieutenant par rapport au Capitaine : un Lieutenant, à 2.000 francs, sera assez bien payé, tandis qu'un Capitaine, à 2.000 francs, est fort malheureux. Or, l'on pourrait, sans nuire au service, remplacer certains grades de Capitaine par celui de Lieutenant, certaines fonctions de Lieutenant, qui consistent principalement à s'assurer que les hommes veillent bien, par celles du Brigadier, augmentées de la vérification du service.

Ces améliorations et modifications consisteraient en :

Ne plus admettre la qualification d'Officier pour les Capitaines ni pour les Lieutenants, et convertir leur titre militaire en des dénominations civiles, par exemple, l'ancienne dénomination de Contrôleur de Brigades, celle de Commissaire ou toute autre. Ne plus admettre également, pour les Brigadiers et les Sous-Brigadiers, la qualification de Sous-Officier.

Former trois catégories de Contrôleurs de Brigades :

Contrôleur { 1re cl., 3.000 f. / 2e cl., 2.500 } | Vice-Contrôleur { 1re cl., 2.500 f. / 2e cl., 2.000 } | Sous-Contrôleur, 1.600 f.

Ajouter, pour *indemnité de frais de bureau et de tournées* (réunis), au Contrôleur, 200 francs; au Vice-Contrôleur, 150 francs; au Sous-Contrôleur, 100 francs.

Scinder les Capitaineries d'un effectif de plus de 200 hommes et diminuer le nombre des Lieutenances, celles de patache et de casernement comprises; substituer les qualifications de Division à la Capitainerie et de Subdivision à la Lieutenance, et placer à la tête des Divisions ayant des Subdivisions, les Contrôleurs de Brigades; à la tête des Divisions sans Subdivisions, les Vice-Contrôleurs, qui, ainsi que les Contrôleurs, auraient les fonctions actuelles des Capitaines, et à la tête des Subdivions, les Sous-Contrôleurs, ayant les attributions des Lieutenants.

Diminuer la somme de service sur le terrain à produire par les divers grades de Contrôleur, abandonner le système des heures, et limiter le *minimum* de leurs tournées de jour et de nuit dans les Brigades, suivant la distance à parcourir et l'importance des postes, comme personnel et comme service ; remplacer, par un tableau, le journal mensuel fourni par les Capitaines et les Lieutenants, et autoriser les Contrôleurs et Vice-Contrôleurs, sous leur responsabilité, à faire payer les appointements par les chefs de poste, auxquels ils enverraient, par la voie du service, les fonds, avec un bordereau. A leur première tournée de chaque mois, les Contrôleurs et Vice-Contrôleurs s'assureraient de l'exactitude des payements et les certifieraient au-dessous de l'attestation mise par lesdits chefs de poste qu'ils ont soldé immédiatement à chacun la somme lui revenant.

Réserver aux Contrôleurs de Brigades le quart des emplois supérieurs de toute nature vacants.

Adopter, pour les Contrôleurs, la tenue des Finances : chapeau à la française ; habit civil, avec trois rangs, deux rangs, un rang de broderie, suivant le grade, au collet ; l'épée et le pantalon bleuté des Brigades.

En tenue de tournées, les Contrôleurs porteraient une redingote, une casquette et un gilet en drap vert, en piqué pour l'été, forme des officiers de marine, à boutons de douane. La casquette, ainsi que les parements de la redingote seraient garnis d'un large galon d'argent pour le Sous-Contrôleur, d'un double galon pour le Vice-Contrôleur, et d'un triple galon pour le Contrôleur de Brigades.

Pour les Brigades, créer des Brigadiers et des Patrons *Chefs,* à 1.100 et 1.200 fr. d'appointements, en réservant, ces places de préférence, aux bons et anciens Brigadiers et Patrons, que leur âge ou leur position de famille ont empêché de passer Sous-Contrôleur, plutôt qu'aux jeunes Brigadiers d'avenir.— Ne pas rendre les classes obligatoires.

Exiger des Brigadiers et Patrons un concours ou examen pour devenir Sous-Contrôleur; n'en point nommer qui n'ait fait des études pour devenir au moins Contrôleur, et les admettre à concourir après trois ans de service, dont un an de grade de Brigadier ou Patron, afin qu'ayant en perspective d'être nommés Sous-Contrôleurs à quatre ans de service, dans les bas emplois, des sous-officiers de l'armée, des jeunes gens d'avenir embrassent la carrière des Brigades, comme on embrasse la carrière militaire, les carrières administratives.

Concéder aux chefs de poste le droit de vérification et de surveillance du service de leur Brigade, droit justifié par la réduction du nombre des Lieutenants et du nombre des tournées, et par leur responsabilité. Leur concéder aussi le droit de punir (de consigne).

Remplacer, au fur et à mesure des vacances, la plupart des Sous-Brigadiers, dans les postes de ligne, et des Sous-Patrons, dans les postes maritimes, de 2e classe, d'un effectif de huit hommes et moins, par des premiers Préposés et des premiers Matelots, à 800 francs, et la plupart des Brigadiers et Patrons, chefs de ces postes et embarcations, par des Sous-Brigadiers et des Sous-Patrons, de manière à n'avoir plus, dans chaque Direction, sur l'effectif total des Brigades, qu'un cinquième en chefs, ainsi divisé : Brigadiers-chefs et Patrons-chefs, un douzième; Brigadiers et Patrons, quatre douzièmes; Sous-Brigadiers et Sous-Patrons, sept douzièmes [1].

Allouer à chaque chef de poste, qui n'a pas déjà de frais de bois et lumière sur les fonds du matériel, et à ce titre, une indemnité de 12 francs, 18 francs, 24 francs par an, suivant le personnel de la Brigade et la température du lieu. Allouer aussi, à chaque homme d'équipage sur un bateau ponté, faisant le service au large, une indemnité de 60 francs, à titre d'indemnité de vivres de bord.

---

[1] Sur 800 hommes d'effectif : 640 Préposés, 93 Sous-Brigadiers, 53 Brigadiers, 14 Brigadiers-chefs.

Modifier la tenue des Brigades, en la rendant plus convenable, plus agréable et moins militaire.

Adopter pour les services de campagne, de détachement, d'embuscade, comme pour le service des marins, un modèle de vareuse, en laine pour l'hiver, en toile écrue pour l'été; les Douaniers sont beaux dans la localité, mais en service, hors la résidence, il n'en est pas de même; des vareuses un peu longues cacheraient les pièces de fonds du pantalon; le ceinturon serait porté sur la vareuse. — Trois modèles de sac à pied, recouvert d'un fourreau en toile écru ou de couleur, et un mode uniforme de serrer et porter ce sac à pied.

Adopter aussi, pour la petite tenue de ville, le gilet en drap vert.

Supprimer le gilet rond ou veste, en usage dans quelques Directions, remplacé par la vareuse.

Supprimer aussi la capote, inutile avec le caban ou le collet-manteau.

Retrancher de la tunique les pattes d'épaules en torsade garance; du pantalon, les bandes, que les ronces déchirent.

Remplacer le schako et le chapeau ciré par le chapeau à la française; le phécy, par une casquette plate (forme de la marine); — la veste du cavalier, le hulot et la veste du marin, par la tunique; — le col, en petite tenue, par la cravate.

Remplacer également les galons de grade actuels par une bride de même galon pour les Sous-Brigadiers, deux brides pour le Brigadier et trois brides pour le Brigadier-chef, au collet de la tunique.

Accorder aux Brigadiers et Patrons chefs, aux Brigadiers et Patrons, aux Sous-Brigadiers et Sous-Patrons, un rang de petite tresse plate, en argent, au turban de la casquette, et, en tenue de ville, le port de l'épée, suspendue à un ceinturon verni; les bottes.

Pour le service et l'organisation militaire des Brigades, limiter à l'exercice du mousqueton, deux fois par semaine, les nouveaux Préposés admis, et les autres à deux fois par mois, avec les marches; inspection tous les deux dimanches.

Supprimer les bataillons des grandes villes, avec leurs états-majors, musiques, tambours, ne conservant, dans les lieux où sont réunies plusieurs Brigades, et dans les grandes casernes, que des clairons, pour les gardes et les appels; faire conduire les gardes par le plus ancien chef. Ne point passer de revues des autorités, et, dans les cérémonies religieuses et autres officielles, paraître en sabre seulement.

Sur le pied de guerre, les Contrôleurs seraient Capitaines; les Vice-Contrôleurs, Lieutenants; les Sous-Contrôleurs, Sous-Lieutenants, au même titre que les Sous-Inspecteurs, les Inspecteurs et les Directeurs seraient Chefs-de-Bataillon et Colonels.

FIN DES NOTES PARTICULIÈRES.

TABLEAU ANALYTIQUE

DES MATIÈRES TRAITÉES DANS LE PROJET DE RÈGLEMENT

Sur l'Organisation du corps des Brigades des Douanes comme Garde spéciale de la frontière.